4O Minutos
DE ESTUDIO BÍBLICO

PROGRAMA DE
ESTUDIO
EN 6 SEMANAS

¿VIVES

LO QUE

DICES?

**MINISTERIOS
PRECEPTO
INTERNACIONAL**

KAY ARTHUR

¿VIVES LO QUE DICES?
Publicado en inglés por WaterBrook Press
12265 Oracle Boulevard, Suite 200
Colorado Springs, Colorado 80921
Una división de Random House Inc.

Todas las citas bíblicas han sido tomadas de la Nueva Biblia Latinoamericana de Hoy;
© Copyright 2005
Por la Fundación Lockman.
Usadas con permiso (www.lockman.org).

ISBN 978-1-62119-215-2

2015 – Edición Estados Unidos

Este estudio bíblico ha sido diseñado para grupos pequeños que están interesados en conocer la Biblia, pero que disponen de poco tiempo para reunirse. Por ejemplo, es ideal para grupos que se reúnen a la hora de almuerzo en el trabajo, para estudios bíblicos de hombres, para grupos de estudio de damas, para clases pequeñas de Escuela Dominical o incluso para devocionales familiares. También, es ideal para grupos que se reúnen durante períodos más largos – como por las noches o los sábados por la mañana – pero que sólo quieren dedicar una parte de su tiempo al estudio bíblico, reservando el resto del tiempo para la oración, comunión y otras actividades.

Este libro está diseñado de tal forma que el grupo tendrá que realizar la tarea de cada lección al mismo tiempo que se realiza el estudio. El discutir las observaciones a partir de lo que Dios dice acerca del tema revela verdades emocionantes e impactantes.

Aunque es un estudio grupal, se necesitará un facilitador para dirigir al grupo – alguien que permita que la discusión se mantenga activa. La función de esta persona no es la de conferencista o maestro. No obstante, cuando este libro se usa en una clase de Escuela Dominical o en una reunión similar, el maestro debe sentirse en libertad de dirigir el estudio de forma más abierta, dando otras observaciones además de las que se encuentran en la lección semanal.

Si eres el facilitador del grupo, el líder, a continuación encontrarás algunas recomendaciones para hacer más fácil tu trabajo:

- Antes de dirigir al grupo, revisa toda la lección y marca el texto. Esto te familiarizará con el contenido y te capacitará para ayudar al grupo con mayor facilidad. Te será más cómodo dirigir al grupo siguiendo las instrucciones de cómo marcar, si tú como líder escoges un color específico para cada símbolo que marques.

- Al dirigir el grupo, comienza por el inicio del texto y lee en voz alta siguiendo el orden que aparece en la lección, incluyendo los "cuadros de aclaración" que pueden aparecer. Trabajen la lección juntos, observando y discutiendo lo que aprenden. Al leer los versículos bíblicos, haz que el grupo diga en voz alta la palabra que se está marcando en el texto.

- Las preguntas de discusión sirven para ayudarte a cubrir toda la lección. A medida que la clase participe en la discusión, muchas veces te darás cuenta de que ellos responderán a las preguntas por sí mismos. Ten presente que las preguntas de discusión son para guiar al grupo en el tema, no para suprimir la discusión.

- Recuerda lo importante que es para la gente el expresar sus respuestas y descubrimientos. Esto fortalece grandemente su entendimiento personal de la lección semanal. Asegúrate de que todos tengan oportunidad de contribuir en la discusión semanal.

- Mantén la discusión activa. Esto puede significar el pasar más tiempo en algunas partes del estudio que en otras. De ser necesario, siéntete en libertad de desarrollar una lección en más de una sesión. Sin embargo, recuerda que no debes ir a un ritmo muy lento. Es mejor que cada uno sienta que contribuye a la discusión semanal, "que deseen más", a que se retiren por falta de interés.

- Si las respuestas del grupo no te parecen adecuadas, puedes recordarles cortésmente, que deben mantenerse enfocados en la verdad de las Escrituras. La meta es aprender lo que la Biblia dice, no adaptarse a filosofías humanas. Sujétate únicamente a las Escrituras y permite que Dios te hable. ¡Su Palabra es verdad (Juan 17:17)!

VIVES LO QUE DICES

Probablemente has escuchado la expresión "A las palabras se las lleva el viento". Tal vez te las han dicho a ti cuando hiciste una promesa—y también dijeron: "Sí, ¡seguro! Ya veremos si es cierto".

¡Y así es! Ellos *esperarán* a ver si tu promesa es verdadera, si realmente la cumplirás—si "vives lo que dices".

Esto es lo que vas a ver por ti mismo al observar inductivamente unos pasajes de la carta a los Efesios. Por *inductivo* queremos decir que en lugar de simplemente escuchar lo que otros dicen sobre el tema, vas a ver por ti mismo lo que Dios dice acerca del andar de un creyente genuino en Jesucristo.

| 2 | ¿Vives lo que dices? |

DISCUTE

Líder: Pide al grupo que pasen unos minutos discutiendo las siguientes preguntas y que anoten sus observaciones debajo de cada pregunta o en la columna de al lado.

- ¿Conoces personas que hablan acerca de su cristianismo y que no viven de acuerdo a ello?—o por lo menos no de la forma que tú crees que deberían de hacerlo. ¿Qué te hace cuestionar o dudar de su forma de vivir?

- ¿Cómo crees que los cristianos deben comportarse respecto a...
    ¿Su relación con Dios?

    ¿Su relación con su pareja, su familia?

    ¿Su relación con otros?

    ¿Su relación con sus enemigos?

• ¿Cuáles crees que deberían ser sus normas?

• ¿Y qué de su moral?

• ¿Cuál crees que debe ser la perspectiva de los cristianos acerca de la Palabra de Dios, la Biblia? ¿Cómo describirías cuál debe ser la relación de un cristiano con la Biblia?

• ¿Cuáles son algunas de las cosas que crees que impiden a las personas ser lo que deberían de ser y creer lo que la Palabra de Dios dice acerca de ellos?

OBSERVA

Durante dos semanas vamos a examinar detenidamente, en la Biblia, los capítulos cuatro y cinco de la carta de Pablo a los Efesios.

Esos capítulos tratan de cómo nuestro andar como cristianos debe estar de acuerdo a lo que hablamos.

Para preparar ese tiempo, primero debemos examinarnos a nosotros mismos desde la perspectiva de Dios. ¿Qué dice Él acerca de aquellos que son verdaderamente Sus hijos, de aquellos que creen en Jesucristo y que consecuentemente lo reciben como su Señor y Salvador?

Líder: Lee Efesios 1:1 en voz alta.

Efesios 1:1

DISCUTE

Cuando lees la Palabra de Dios, debes entrenarte en hacerlo lo suficientemente despacio para que puedas entender lo que Dios está diciendo. La Biblia es la Palabra de Dios y fue escrita para que puedas conocer la verdad y vivir por ella.

Este estudio te ayudará a desarrollar una habilidad del estudio inductivo, la observación. Harás esto interrogando al texto con lo que llamamos las "seis preguntas básicas"—¿Quién? ¿Qué? ¿Cómo? ¿Cuándo? ¿Dónde? y ¿Por qué? Intentemos aplicar esto al versículo 1.

Pablo, apóstol de Cristo Jesús por (mediante) la voluntad de Dios: A los santos que están en Éfeso y *que son* fieles en Cristo Jesús:

• ¿Quién está escribiendo? ¿Quién es él?

• ¿Cómo llegó a ser lo que dice ser?

• ¿A quién le está escribiendo?

• ¿Dónde están ellos?

• ¿Cómo son llamados?

• ¿Cómo se les describe?

Efesios 1:2-8a

OBSERVA

Líder: Lee en voz alta Efesios 1:2-8a. Al hacerlo, pide al grupo que marque en el texto las palabras nos y nosotros y sus referencias verbales. Pueden colorear estas palabras del mismo color o simplemente encerrarlas en un círculo cada vez que aparezcan en el texto.

2 Gracia y paz a ustedes de parte de Dios nuestro Padre y del Señor Jesucristo.

3 Bendito sea el Dios y Padre

ACLARACIÓN

La palabra *predestinó* en el Griego, el idioma del Nuevo Testamento, es *proorízo*. Viene de dos palabras que cuando se combinan significa "limitar previamente", con el significado figurativo de "predeterminar". Cuando esta palabra es usada, es importante notar *quién* ha sido predestinado y a *qué*.

La palabra *redención* en el Griego es *apolútrosis* y se refiere a una liberación por el pago de un rescate. De acuerdo a Efesios 1:7, el rescate que liberó a los Cristianos de sus pecados fue la sangre de Jesucristo.

de nuestro Señor Jesucristo, que nos ha bendecido con toda bendición espiritual en los lugares celestiales en Cristo.

4 Porque Dios nos escogió en Cristo antes de la fundación del mundo, para que fuéramos santos y sin mancha delante de Él. En amor

5 nos predestinó para adopción como hijos para sí mediante Jesucristo, conforme a la buena intención de Su voluntad,

6 para alabanza de la gloria de Su gracia que gratuitamente ha impartido sobre nosotros en el Amado.

[7] En Él tenemos redención mediante Su sangre, el perdón de nuestros pecados según las riquezas de Su gracia

[8] que ha hecho abundar para con nosotros.

OBSERVA

Líder: Pide a los estudiantes que lean nuevamente el pasaje y marquen cada vez que encuentren las frases **en Él, en Cristo,** *y* **en el Amado.** *Ellos pueden marcar estas frases con una nube, como ésta:*

También pídeles que marquen cada vez que encuentren las palabras **conforme a** *y* **según** *con una línea ondulada como ésta:* ~~~

DISCUTE

Comenzando con el versículo 3, busca cada mención de *nosotros* o *nos* que has encerrado en un círculo y discute punto por punto lo que aprendes acerca de *nosotros* al observar el texto. Al hacerlo, nota dónde están esas bendiciones. También nota la palabras repetidas *conforme* a y *según*. ¿Qué relacionan estas palabras?

Líder: *Si hay tiempo, los estudiantes pueden hacer una lista de sus observaciones en la columna de al lado.*

- ¿Qué piensas sobre lo que has observado? ¿Cómo te sentirías si supieras con certeza que las cosas que marcaste son también verdad con respecto a *ti*?

- ¿Cómo se compara esto con la forma en que normalmente te ves a ti mismo?

FINALIZANDO

Muchas veces nuestra conducta está regida por la imagen, la percepción que tenemos de nosotros mismos. Lo que creemos sobre nosotros mismos determina la forma como nos "comportamos".

La semana entrante vamos a estudiar estos versículos y otros más con mayor profundidad, esto te ayudará a verte a ti mismo desde la perspectiva de Dios. Mientras tanto, háblale a Dios sobre lo que has observado esta semana. Escribe Efesios 1:3-8a en una tarjeta y lee los versículos en voz alta tres veces en la mañana, luego tres veces al medio día y finalmente tres veces más antes de acostarte. ¡Esto hará que tengas un mejor día y también unos dulces sueños!

¿Te has detenido alguna vez a considerar cuánto te ama Dios y lo que ese amor le motivó a hacer por ti?

Si observas a la gente cuidadosamente, verás una diferencia notable entre la conducta de aquellos que saben que son amados y la conducta de quienes no se sienten amados por nadie, incluyendo Dios.

Al escribir Pablo a los creyentes que vivían en Éfeso, antes de discutir con ellos sobre cómo debía ser su andar, primero se aseguró que supieran la forma en la que Dios los veía y cuál era Su propósito para ellos, no sólo colectiva, sino individualmente.

OBSERVA

Líder: Lee Efesios: 1:3-14 y pide al grupo que marquen el texto de acuerdo a estas instrucciones:

- *Encierren en un círculo o coloreen toda mención a (nosotros) nos, **hemos**, **ustedes**, **su** y **sus** referencias verbales. ("Ustedes" y "su" aparecen por primera vez en el versículo 13).*
- *Marquen con una nube cada vez que aparezca la frase en Él*
- *Dibujen una línea ondulada debajo de las palabras conforme a y según.*
- *Marquen con un corazón cada vez que aparezca la palabra amor.*
- *Aunque la semana pasada el grupo leyó y marcó Efesios 1:3-8, marquen de nuevo estos versículos junto con aquellos que les siguen.*

Efesios 1:3-14

³ Bendito *sea* el Dios y Padre de nuestro Señor Jesucristo, que nos ha bendecido con toda bendición espiritual en los *lugares* celestiales en Cristo.

⁴ Porque Dios nos escogió en Cristo antes de la fundación del mundo, para que fuéramos santos y sin mancha delante de Él. En amor

⁵ nos predestinó para adopción como hijos para sí mediante Jesucristo, conforme a la buena intención de Su voluntad,

⁶ para alabanza de la gloria de Su gracia que gratuitamente ha impartido sobre nosotros en el Amado.

⁷ En Él tenemos redención mediante Su sangre, el perdón de nuestros pecados según las riquezas de Su gracia

⁸ que ha hecho abundar para con nosotros. En toda sabiduría y discernimiento

⁹ nos dio a conocer el misterio de Su voluntad, según la buena intención que se propuso en Cristo,

ACLARACIÓN

La palabra Griega para gracia es *charis*. Significa "favor". Cuando hablamos de la gracia de Dios y resumimos la forma como Dios la usa en Su Palabra con relación a nuestra salvación, gracia se define frecuentemente como "favor inmerecido", que no puede ser ganado de ninguna forma, por ninguna razón. Gracia es algo que Dios otorga libre, abundantemente a los pecadores que creen en Su Hijo, el Señor Jesucristo.

DISCUTE

Hay abundantes tesoros de verdad en estos versículos (incluyendo muchos que no tendremos tiempo de explorar). Nos dan un sabor de la grandeza del amor con que Dios nos ha amado. Y no queremos pasar por alto lo que tiene para aquellos que creen en Él y que viven según lo que profesan.

Discutan lo que aprenden al marcar las palabras *nosotros, nos, hemos, ustedes, su,* en los versículos 8-14.

• ¿Qué tenemos en Cristo? En el siguiente espacio, haz una lista breve de tus observaciones y las que otros estudiantes compartieron.

OBSERVA

Marca toda las referencias al **Espíritu Santo**, incluyendo la referencia verbal **es dado** con un símbolo como éste:

DISCUTE

• ¿Qué aprendes acerca del Espíritu Santo en Efesios 1:13-14?

• ¿Cuál es la progresión de eventos en Efesios 1:13-14?

[10] con miras a una *buena* administración en el cumplimiento de los tiempos, *es decir*, de reunir todas las cosas en Cristo, *tanto* las *que están* en los cielos, *como* las *que están* en la tierra.

[11] También en Él hemos obtenido herencia, habiendo sido predestinados según el propósito de Aquél que obra todas las cosas conforme al consejo de Su voluntad,

[12] a fin de que nosotros, que fuimos los primeros en esperar en Cristo (el Mesías), seamos para alabanza de Su gloria.

[13] En Él también ustedes, después de escuchar el mensaje de la verdad, el evangelio de su salvación, y habiendo creído, fueron sellados en Él con el Espíritu Santo de la promesa,

[14] que nos es dado como garantía de nuestra herencia, con miras a la redención de la posesión *adquirida de Dios*, para alabanza de Su gloria.

ACLARACIÓN

Cuando Pablo menciona que el Espíritu Santo es la "garantía de nuestra herencia," él quiere decir que el morar del Espíritu Santo en nosotros es la garantía de que al morir físicamente, seremos llevados al cielo y algún día recibiremos un nuevo cuerpo inmortal, incorruptible (1 Corintios 15:51-54).

OBSERVA

¿Cuándo nos amó y escogió Dios por primera vez? ¿Fue cuando finalmente creímos en Su Hijo, el Señor Jesucristo y cuando fuimos liberados de nuestros pecados, nuestra vergüenza?

Líder: Lee Efesios 2:1-10. Una vez más pide al grupo que coloreen o hagan un círculo cada vez que aparecen las palabras **ustedes, nosotros, nos** *y* **les**, *cada referencia a* **Pablo** *y a los destinatarios a quienes incluye consigo mismo. También pon un corazón cada vez que aparezca* **amar** *y una nube alrededor de las palabras* **en Él, con Él** *y* **en Cristo Jesús**.

DISCUTE

• ¿Qué aprendes al marcar cada referencia a *ustedes, les, nosotros* y *nos*?

Líder: No pases mucho tiempo discutiendo las observaciones en Efesios 2:1-3, ya que veremos estos versículos más detenidamente en las siguientes semanas. Asegúrate de cubrir los versículos 4-10.

Efesios 2:1-10

¹ Y *Él les dio vida* a ustedes, que estaban muertos en (a causa de) sus delitos y pecados,

² en los cuales anduvieron en otro tiempo según la corriente (la época) de este mundo, conforme al príncipe de la potestad del aire, el espíritu que ahora opera en los hijos de desobediencia.

³ Entre ellos también todos nosotros en otro tiempo vivíamos en las pasiones de nuestra carne, satisfaciendo los deseos de la carne y de la mente (de los pensamientos), y éramos por naturaleza hijos de ira, lo mismo que los demás.

⁴ Pero Dios, que es rico en misericordia, por causa del gran amor con que nos amó,

- ¿Qué aprendes acerca de Dios en Efesios 2:4-6?

⁵ aún cuando estábamos muertos en (a causa de) *nuestros* delitos, nos dio vida juntamente con Cristo (por gracia ustedes han sido salvados),

- De acuerdo a estos versículos que acabas de leer de la Palabra de Dios, ¿cuándo te amó Dios?

⁶ y con Él *nos* resucitó y con Él *nos* sentó en los *lugares* celestiales en Cristo Jesús,

- Respecto a todas las personas que Dios ha salvado, ¿en qué estado estaban cuando Él los salvó?

⁷ a fin de poder mostrar en los siglos venideros las sobreabundantes riquezas de Su gracia por *Su* bondad para con nosotros en Cristo Jesús.

- ¿En base a qué Dios nos salvó? ¿Qué anula esto de parte nuestra?

⁸ Porque por gracia ustedes han sido salvados por medio

- De acuerdo a Efesios 2:10, ¿dónde fuimos creados y para qué? ¿Quién las determina?

de la fe, y esto no procede de ustedes, *sino que es* don de Dios;

[9] no por obras, para que nadie se gloríe.

[10] Porque somos hechura Suya, creados en Cristo Jesús para *hacer* buenas obras, las cuales Dios preparó de antemano para que anduviéramos en ellas.

- Finalmente, ¿qué sucedería en tu vida si creyeras totalmente lo que has visto en estas dos semanas, pero, que realmente creyeras, no importando lo que sientas y lo que otros digan de ti? ¿Qué tan seguro crees que estarías? ¿Cómo crees que esto afectaría tu andar?

FINALIZANDO

Continúa leyendo Efesios 2:1-10 en voz alta tres veces al día (tres veces cada vez). Empieza tu día con estas verdades y deja que ellas sean lo último en que piensas al irte a dormir.

Háblale al Dios único quien te ama con un amor incomprensible y que te ofrece Su gracia abundante justo ahora mismo en donde quiera que estés.

La semana entrante veremos cómo, nuestro Padre celestial, espera que sus hijos anden.

OBSERVA

En los primeros tres capítulos de Efesios, Pablo recuerda a "los santos que están en Éfeso", la posición de ellos en Cristo. Ahora esta carta toma un giro de la doctrina a la práctica, de la posición a la acción.

¿Cómo deben vivir aquellos que han sido salvos por gracia? ¿Acaso la gracia nos da licencia para vivir de la manera que se nos antoje? ¿O nos da el poder de andar como debemos andar?, si nos llamamos "cristianos". ¿Cuán crucial es que nuestro caminar corresponda con nuestro decir si decimos ser cristianos? Y, ¿qué si esto no es así?

Líder: Lee en voz alta los versículos que se muestran de Efesios, 4:1, 17; 5:1-2, 8, 15. Pide al grupo que busquen una palabra clave que se repite y que muestra de qué tratan estos dos capítulos de Efesios.

Efesios 4:1

Yo, pues, prisionero del Señor, les ruego que ustedes vivan de una manera digna de la vocación con que han sido llamados.

Efesios 4:17

Esto digo, pues, y afirmo juntamente con el Señor: que ustedes ya no anden así como andan también los Gentiles, en la vanidad de su mente.

Efesios 5:1-2

[1] Sean, pues, imitadores de Dios como hijos amados;

[2] y anden en amor, así como también Cristo les amó y se dio a sí mismo por nosotros, ofrenda y sacrificio a Dios, como fragante aroma.

Efesios 5:8

porque antes ustedes eran tinieblas, pero ahora son luz en el Señor; anden como hijos de luz.

Efesios 5:15

Por tanto, tengan cuidado cómo andan; no como insensatos sino como sabios,

• Ahora, ¿cuál es la palabra clave?

• Cada vez que aparezca esta palabra clave dibuja sobre ella una nube como ésta:

• ¿Qué aprendes al observar esta palabra clave?

• Después de haberles dicho a los Efesios quiénes son en Cristo (en los primeros tres capítulos de esta carta), Pablo comienza su exhortación práctica a ellos (y también a nosotros).

Líder: Lee Efesios 4:1-6. Pide al grupo que coloreen o encierren con un círculo cada referencia a los Efesios, los destinatarios de esta carta. A medida que marquen cada palabra, pídeles que la repitan en voz alta. De esa forma estarán seguros de haber marcado todas las referencias.

DISCUTE

• Ahora que has marcado en este pasaje las referencias a los destinatarios de la carta, ¿cuál es el ruego de Pablo a ellos?

OBSERVA

Marca lo que está rogando Pablo que los creyentes han de hacer en el versículo 1, poniendo una nube alrededor de ello.

Efesios 4:1-6

¹ Yo, pues, prisionero del Señor, les ruego que ustedes vivan de una manera digna de la vocación con que han sido llamados.

² Que vivan con toda humildad y mansedumbre, con paciencia, soportándose unos a otros en amor,

³ esforzándose por preservar la unidad del Espíritu en el vínculo de la paz.

⁴ *Hay* un solo cuerpo y un solo Espíritu, así como también ustedes fueron llamados en una misma esperanza de su vocación;

⁵ un solo Señor, una sola fe, un solo bautismo,

⁶ un solo Dios y Padre de todos, que está sobre todos, por todos y en todos.

DISCUTE

• Ahora que has identificado lo que Pablo les está rogando en el versículo 1, discute sobre: ¿cómo lo harán? Toma unos minutos para hablar sobre cómo los versículos 2-3 responden a esto, presentando las diferentes cualidades y actitudes que deben ser evidentes en sus vidas. Puedes enumerar cada una de ellas en el texto. (Mira el ejemplo con "humildad" en el versículo 2).

OBSERVA

En los versículos 4-6 subraya la palabra *un*, *una*.

DISCUTE

• De acuerdo a los versículos 4-6, ¿cuál es la base de su unidad—qué tienen todos los creyentes en común?

OBSERVA

Después de recordarles a los Efesios, en los versículos 4-6, la unidad del Espíritu y las cosas que todos los verdaderos creyentes tienen en común, Pablo ahora se enfoca en la diversidad dentro del cuerpo.

*Líder: Lee Efesios 4:7-13. Una vez más, pide al grupo que coloree o haga un círculo a cada referencia a los destinatarios. Asegúrate de marcar los pronombres, incluyendo **nosotros** y **nos**, donde el autor se incluye a sí mismo con los destinatarios.*

DISCUTE

Nota: No vamos a discutir los versículos 9-10, que son una enseñanza parentética y no pertinentes a nuestro tema en discusión. La limitación de tiempo no lo permite.

- ¿Qué aprendes al marcar los destinatarios en el versículo 7?

Efesios 4:7-13

⁷ Pero a cada uno de nosotros se nos ha concedido la gracia conforme a la medida del don de Cristo.

⁸ Por tanto, dice: "CUANDO ASCENDIÓ A LO ALTO, LLEVÓ CAUTIVA UN GRAN NUMERO DE CAUTIVOS, Y DIO DONES A LOS HOMBRES."

⁹ Esta expresión: "Ascendió," ¿qué significa, sino que Él también había descendido a las profundidades de la tierra?

¹⁰ El que descendió es también el mismo que ascendió mucho más arriba de todos los cielos, para poder llenarlo todo.

¹¹ Y Él dio a algunos *el ser* apóstoles, a otros profetas, a otros evangelistas, a otros pastores y maestros,

¹² a fin de capacitar a los santos para la obra del ministerio, para la edificación del cuerpo de Cristo;

¹³ hasta que todos lleguemos a la unidad de la fe y del pleno conocimiento del Hijo de Dios, a la condición de un hombre maduro, a la medida de la estatura de la plenitud de Cristo.

- ¿Cuáles son los diversos dones (personas con dones) dados a la iglesia que son mencionados por Pablo en el versículo 11?

- ¿Cuál es el propósito en el cuerpo de estas personas con dones? ¿Qué hacen estas personas?

Líder: No hagas una discusión extensa acerca de estos dones. Al contrario, discute cómo benefician a los santos aquellas personas que tienen estos dones.

ACLARACIÓN

Santos (4:12) significa "consagrados", aquellos que han sido "apartados", porque ahora pertenecen a Dios debido a la salvación de sus pecados, una salvación que vino a través de creer que Jesucristo murió por sus pecados en lugar de ellos y que resucito al tercer día.

Capacitar (4:12) es la traducción de una palabra griega usada en el Nuevo Testamento para transmitir la idea de remendar redes, restaurar un hueso y realizar un propósito. Significa "poner derecho, perfeccionar".

OBSERVA

En Efesios 4:3 vimos la frase **la unidad del Espíritu**, mientras que en el versículo 13 vemos una referencia a **la unidad de la fe**. Encierra con un rectángulo estas dos frases o coloréalas de una forma distintiva.

DISCUTE

• ¿Cuál es la diferencia entre las dos frases: *la unidad del Espíritu* y *la unidad de la fe*? ¿Cuál es nuestra responsabilidad con cada una?

• De acuerdo al versículo 13, ¿a qué más debemos poner atención para llegar a ser maduros?

• También de acuerdo a este versículo, ¿a qué se asemeja "un hombre maduro"? ¿Con qué o quién debe medirse?

• Pregúntate a ti mismo cuánto mides en esta descripción de madurez. De acuerdo a los primeros trece versículos, ¿hay alguna forma de saber si estamos madurando? ¿Están estas virtudes incrementando en tu vida?

Efesios 4:14-16

¹⁴ Entonces ya no seremos niños, sacudidos por las olas y llevados de aquí para allá por todo viento de doctrina, por la astucia de los hombres, por las artimañas engañosas del error.

¹⁵ Más bien, al hablar la verdad en amor, creceremos en todos *los aspectos* en Aquél que es la cabeza, *es decir*, Cristo,

¹⁶ de quien todo el cuerpo, estando bien ajustado y unido por la cohesión que las coyunturas proveen, conforme al funcionamiento adecuado de cada miembro, produce el crecimiento del cuerpo para su propia edificación en amor.

OBSERVA

¿Cómo alcanza una persona la madurez? Lee Efesios 4:14-16 y observa las palabras que muestran cómo sucede esto. Una vez más, marca cada referencia a los **destinatarios** de la carta.

DISCUTE

• De acuerdo al versículo 14 ya no debemos ser _____ (escribe en el espacio). ¿De que otra forma se les describe en este versículo? ¿Qué crees que significa "llevados de aquí para allá"?

• ¿Cómo y dónde ves inmadurez entre los creyentes hoy? ¿Conoces gente como ésta?

• ¿Dónde debe ser encontrada la verdad? En Juan 17:17, Jesús ora al Padre: "Santifícalos en la verdad; Tu palabra es verdad". En Efesios 4:14 marca verdad con un dibujo como este:

• De acuerdo al versículo 15, ¿cómo se ha de hablar a los inmaduros?

• Si crecemos a la estatura de Cristo, ¿a qué llegaremos, según el versículo 13?

OBSERVA

Líder: Lee otra vez el versículo 16. Pon atención a la frase "conforme al funcionamiento adecuado de cada miembro".

De acuerdo a este versículo, cuando todas las partes del cuerpo de Cristo, todos los creyentes genuinos, están trabajando juntos como un cuerpo, preservando la unidad de la fe y siendo ministrados por personas dotadas que están equipándolos, entonces el cuerpo crecerá y veremos a la iglesia edificándose a sí misma en amor.

La palabra **amor** es una palabra clave repetida en Efesios 4. Busca esta palabra en los versículos 2, 15 y 16 y dibuja alrededor de cada una de ellas, un corazón como éste: ♡

DISCUTE

• ¿Qué aprendes de estos versículos? ¿Cómo es que amas? ¿Cuál debería ser tu motivación? ¿Cómo hablas la verdad en amor? ¿Cómo el cuerpo se edifica a sí mismo en amor?

FINALIZANDO

Si una persona va a caminar de una manera digna de su llamamiento como cristiano—o en otras palabras, si una persona dice ser cristiana y quiere andar conforme a eso—¿qué debe hacer de acuerdo a lo que has visto en el estudio de hoy?

Si todos los creyentes hicieran esto, ¿qué pasaría con el cuerpo de Cristo colectivamente?

¿Estás madurando y cumpliendo con tu parte en el cuerpo de Cristo o eres una de esas personas que son "llevados por todo viento de doctrina" (4:14)? Para evitar esto, ¿qué debes hacer—o mantenerte haciendo?

La semana pasada vimos que debemos andar de una manera digna del llamamiento al que hemos sido llamados como hijos de Dios (Efesios 4:1).

¿Cuál es nuestra meta? "Preservar [o guardar] la unidad del Espíritu en el vínculo de la paz" todo el tiempo, dándonos cuenta que Dios está en el proceso de "la edificación del cuerpo de Cristo; hasta que todos lleguemos a la unidad de la fe y del pleno conocimiento del hijo de Dios".

La meta es la *madurez*, la semejanza a Cristo. Y se alcanza a través del crecimiento.

El crecimiento viene cuando cada miembro del cuerpo funciona como debiera. Para esto, debemos hablar la verdad. "Hablar" la verdad también podría traducirse como "manteniéndose" o "andando en" la verdad de la Palabra de Dios. Y esto debe hacerse "en amor". Esa es la razón por la cual estás haciendo este estudio, para que puedas descubrir la verdad por ti mismo y para que tu andar concuerde con lo que dices.

Esta semana queremos ver cómo el cristianismo genuino afecta la moral de una persona y sus relaciones interpersonales. En estas áreas, ¿debería haber una diferencia notable entre el andar de la persona que profesa conocer a Dios y la vida del que no lo conoce?

OBSERVA

*Líder: Lee Efesios 4:17-21. Al igual que la semana pasada, el grupo seguirá la lectura, haciendo un círculo en todas las referencias directas y verbales a los **destinatarios** y el pronombre ustedes.*

Efesios 4:17-21

17 Esto digo, pues, y afirmo juntamente con el Señor: que ustedes ya no anden así como andan también los Gentiles (paganos), en la vanidad de su mente.

¹⁸ Ellos tienen entenebrecido su entendimiento, están excluidos (separados) de la vida de Dios por causa de la ignorancia que hay en ellos, por la dureza de su corazón.

¹⁹ Habiendo llegado a ser insensibles, se entregaron a la sensualidad para cometer con avidez toda clase de impurezas.

²⁰ Pero ustedes no han aprendido a Cristo (el Mesías) de esta manera.

²¹ Si en verdad Lo oyeron y han sido enseñados en Él, conforme a la verdad que hay en Jesús,

ACLARACIÓN

Sensualidad en el versículo 19 significa abuso en la esfera de lo físico indicando libertinaje. Frecuentemente se refiere a la obsesión sexual y a la falta de dominio.

DISCUTE

• De acuerdo a estos versículos, ¿cómo deben andar los creyentes? (Márcalo con una nube.) ¿Qué dice el 4:17?

• ¿Quién es contrastado con quién en los versículos 17-20 y qué aprendes de cada uno? Obviamente un grupo es descrito con más detalle que otro. Discute lo que el texto dice acerca de este grupo. ¿A qué se asemejan? ¿Se parece esto a la actualidad? ¿Debería esto describir a los cristianos? ¿Cómo lo sabes?

OBSERVA

Líder: Lee los versículos 20-21 y marca cada referencia a Cristo con una cruz, junto con cualquier sustantivo o pronombre que se refiera a Él.

DISCUTE

- ¿Qué aprendes acerca de Cristo al marcar estos versículos?

- Si quieres la verdad, ¿a dónde deberías ir?

OBSERVA

*Líder: Lee Efesios 4:20-24 el cual aparece en la página 32 y pide al grupo que subrayen las frases **viejo hombre** (literalmente "vieja naturaleza") y **nuevo hombre** (literalmente "nueva naturaleza") y que marquen todas las referencias a los **destinatarios** de la carta.*

Efesios 4:20-24

²⁰ Pero ustedes no han aprendido a Cristo de esta manera.

²¹ Si en verdad Lo oyeron y han sido enseñados en Él, conforme a la verdad que hay en Jesús,

²² que en cuanto a la anterior manera de vivir, ustedes se despojen del viejo hombre, que se corrompe según los deseos engañosos,

²³ y que sean renovados en el espíritu de su mente,

²⁴ y se vistan del nuevo hombre, el cual, en *la semejanza de* Dios, ha sido creado en la justicia y santidad de la verdad.

ACLARACIÓN

Los términos *viejo hombre* y *nuevo hombre* son usados en sólo dos pasajes más, Colosenses 3:9-11 y Romanos 6:1-7. Cuando estudias Efesios 4:22-24 junto con estos pasajes, ves que la muerte del viejo hombre es algo que fue efectuado al identificarnos con Cristo en el momento de nuestra salvación.

Ahora debemos vivir a la luz de este cambio, como una nueva creación en Cristo Jesús (2 Corintios 5:17).

DISCUTE

• ¿Qué aprendes de Efesios 4:22-24 sobre el viejo y el nuevo hombre?

• ¿Ves algo sobre la vieja naturaleza que se asemeja con lo que has visto en los "gentiles" que no conocen a Dios (mencionados en los versículos 17-19)?

• ¿Qué nos dice el versículo 24 de cómo es creada la nueva naturaleza?

• En el versículo 21 leemos la "verdad que hay en Jesús". ¿Cómo explican esto los versículos 22-24? (Fíjate cómo la palabra *que* en los versículos 22-23 y la palabra *vistan* en el versículo 24 nos llevan a ver lo que es la verdad en Jesús).

• ¿Cómo eres renovado en el espíritu de tu mente?

OBSERVA

*Líder: Lee Efesios 4:25-32 mientras que los estudiantes encierran con un círculo cada referencia a los **destinatarios**, incluyendo el pronombre **nosotros**.*

ACLARACIÓN

La palabra traducida como *"mala"* en el versículo 29 significa "pésima, podrida, putrefacta". Figuradamente en un sentido moral, significa "corrupta, inmunda".

Efesios 4:25-32

25 Por tanto, dejando a un lado la falsedad, HABLEN VERDAD CADA CUAL CON SU PROJIMO, porque somos miembros los unos de los otros.

26 ENÓJENSE, PERO NO PEQUEN; no se ponga el sol sobre su enojo,

27 ni den oportunidad (lugar) al diablo.

28 El que roba, no robe más, sino más bien que trabaje, haciendo con sus manos lo que es bueno, a fin de que tenga qué compartir con el que tiene necesidad.

²⁹ No salga de la boca de ustedes ninguna palabra mala (corrompida), sino sólo la que sea buena para edificación, según la necesidad *del momento*, para que imparta gracia a los que escuchan.

³⁰ Y no entristezcan al Espíritu Santo de Dios, por el cual fueron sellados para el día de la redención.

³¹ Sea quitada de ustedes toda amargura, enojo, ira, gritos, insultos, así como toda malicia.

³² Sean más bien amables unos con otros, misericordiosos, perdonándose unos a otros, así como también Dios los perdonó en Cristo.

DISCUTE

Líder: Lee Efesios 4:25-32 otra vez. Al leer, nota las instrucciones que se dan en cada versículo y discútelas versículo a versículo. Habla acerca de cómo cada instrucción se aplica a nosotros hoy. También nota qué parte de las instrucciones encaja en la vieja naturaleza y cuál en la nueva naturaleza.

• De acuerdo al versículo 27, ¿qué sucederá si permaneces enojado o vives enfadado?

• ¿Cuál es el propósito del trabajo de acuerdo al versículo 28?

• ¿Según el versículo 29 que debe salir de nuestras bocas?

• ¿Cómo entristecemos al Espíritu Santo? ¿Por qué tales acciones lo pueden entristecer? (Considera si éstas son características de la vieja o de la nueva naturaleza).

• ¿Hay alguien a quien no hayas perdonado?

• Cuando llegas a las instrucciones en el versículo 32, nota la comparación con respecto a perdonar. ¿Por qué debemos perdonar? ¿Qué nos impide hacerlo?

OBSERVA

Líder: *Pide al grupo que lea otra vez el versículo 30 en voz alta. Luego marquen* **Espíritu** *junto con el pronombre* **el cual**, *ya que se refiere a* **Él**. *Márcalo así:*

Espíritu

Luego lee Efesios 4:3-4 mientras el grupo marca cada referencia al **Espíritu** *en estos versículos.*

DISCUTE

• Discute lo que aprendiste acerca de ti como creyente y acerca del Espíritu en estos versículos.

• De todo lo que has aprendido, ¿qué debemos evitar para no "entristecer" al Espíritu de Dios? – Medita en Efesios 4:30.

Efesios 4:3-4

³ esforzándose por preservar la unidad del Espíritu en el vínculo de la paz.

⁴ *Hay* un solo cuerpo y un solo Espíritu, así como también ustedes fueron llamados en una misma esperanza de su vocación;

FINALIZANDO

Lee Efesios 4:17 otra vez. De acuerdo al estudio de esta semana, ¿qué aprendiste sobre cómo debe ser tu caminar?

Finalmente, ¿hay alguna diferencia en tu andar desde que conociste a Jesucristo y te identificaste como cristiano? ¿Tienes una nueva naturaleza? ¿Es tu estilo de vida diferente a causa de Cristo? Si no, ¿qué podría significar esto?

Como viste la semana pasada en Efesios 4:1, debes andar en una manera digna de tu llamamiento. ¿Qué has visto en esta lección que se relacione con eso?

La semana pasada vimos que ya no debemos andar como andan los gentiles. Nos hemos vestido de la nueva naturaleza. Ahora debemos caminar de acuerdo a la verdad que está en Jesucristo.

¿Alguna vez has hablado con alguien que dice ser cristiano y vive en una forma contraria a los mandamientos de Dios? Seguramente cree que al morir irá al cielo por haber hecho una "profesión" de fe, aunque él vive como el mundo vive. ¿Qué dice Dios sobre esto? ¿Puede una persona andar en las tinieblas y a la vez decir que pertenece al Señor Jesucristo, la Luz del Mundo?

OBSERVA

Líder: Lee Efesios 5:1-6, impreso en las páginas 37-38. Marca toda referencia a los destinatarios *como lo has hecho antes. También marca la palabra* amor *con un corazón y pon una nube alrededor de la frase que te dice* cómo *debes andar.*

DISCUTE

• De acuerdo a Efesios 5:1-2, ¿cómo deben andar los creyentes? ¿En qué nivel de amor deben andar? ¿Qué comparación se hace en el versículo 2?

Efesios 5:1-6

[1] Sean, pues, imitadores de Dios como hijos amados;

[2] y anden en amor, así como también Cristo les amó y se dio a sí mismo por nosotros, ofrenda y sacrificio a Dios, como fragante aroma.

[3] Pero que la inmoralidad, y toda impureza o avaricia, ni siquiera se mencionen entre ustedes, como corresponde a los santos.

⁴ Tampoco haya obscenidades, ni necedades, ni groserías, que no son apropiadas, sino más bien acciones de gracias.

⁵ Porque con certeza ustedes saben esto: que ningún inmoral, impuro, o avaro, que es idólatra, tiene herencia en el reino de Cristo y de Dios.

⁶ Que nadie los engañe con palabras vanas, pues por causa de estas cosas la ira de Dios viene sobre los hijos de desobediencia.

• ¿Esta clase de andar es fácil o difícil? ¿Por qué?

OBSERVA

Líder: Lee los versículos 3-4 en voz alta. Si la clase no le hizo un círculo a la palabra **santos**, *cuando marcaron los destinatarios, deben hacerlo ahora. ("Santos" también podría ser traducido como "consagrados". Este es un término usado por Dios para referirse a todos los cristianos verdaderos).*

DISCUTE

• ¿Qué no debe mencionarse entre los santos de acuerdo al 5:3-4? Repasa la lista y discute cómo estas cosas te limitarían de ser un imitador de Dios y de andar en amor.

• En cambio, ¿qué deben hacer los santos?

OBSERVA

*Líder: Lee Efesios 5:5-6 otra vez, impreso para ti en la columna de al lado. Pide al grupo que subraye con doble línea, preferiblemente en rojo, las frases **porque con certeza ustedes saben esto** y **que nadie los engañe con palabras vanas**.*

DISCUTE

• ¿Qué es lo que deben saber con certeza los creyentes?

• ¿Cómo no deben ser engañados?

• ¿Sobre quienes viene la ira de Dios?

Efesios 5:5-6

5 Porque con certeza ustedes saben esto: que ningún inmoral, impuro, o avaro, que es idólatra, tiene herencia en el reino de Cristo y de Dios.

6 Que nadie los engañe con palabras vanas, pues por causa de estas cosas la ira de Dios viene sobre los hijos de desobediencia.

ACLARACIÓN

En Efesios 5:6, *vanas* significa "falta de verdad, de realidad". Indica lo vacío de algo o alguien.

• ¿Qué crees que Dios quiere decir con "palabras vanas"? ¿Acerca de qué podían ser engañados? ¿Podría ser que se les había dicho que podían ser cristianos y vivir de esta manera?

• ¿Sucede esto hoy? ¿Cuál es la advertencia para nosotros? ¿Si no hay cambio de vida qué nos indica esto?

1 Corintios 6:9-11

⁹ ¿O no saben que los injustos no heredarán el reino de Dios? No se dejen engañar: ni los inmorales, ni los idólatras, ni los adúlteros, ni los afeminados, ni los homosexuales,

¹⁰ ni los ladrones, ni los avaros, ni los borrachos, ni los difamadores, ni los estafadores heredarán el reino de Dios.

OBSERVA

Líder: Lee en voz alta 1 Corintios 6:9- 11. Fíjate en la amonestación No se dejen engañar y subráyala con doble línea.

DISCUTE

• ¿Por qué está la advertencia a no ser engañados? ¿Es posible que un cristiano sea engañado?

• De acuerdo a este pasaje en 1 Corintios 6, ¿acerca de qué no tienen que ser engañados?

• Según 1 Corintios 6, ¿quiénes *no* heredarán el reino de Dios?

- ¿Fueron alguna vez los creyentes corintios como lo descrito en los versículos 9-10? De acuerdo al versículo 11, ¿qué les había pasado?

OBSERVA

De acuerdo a Efesios 5:6, ¿cómo se describe a la gente (mencionada en el versículo 5)?

Líder: Lee Efesios 2:1-3. Pide al grupo que marquen las palabras en otro tiempo *y* anduvieron *También que marquen de esta forma las frases* **hijos de desobediencia** *e* **hijos de ira.**

DISCUTE

- ¿Qué aprendes al marcar la frase *en otro tiempo*? ¿Cómo "anduvieron" (vivieron) en otro tiempo los creyentes de Éfeso? ¿Cómo se les describe? ¿Por qué?

[11] Y esto eran algunos de ustedes; pero fueron lavados, pero fueron santificados, pero fueron justificados en el nombre del Señor Jesucristo y en el Espíritu de nuestro Dios.

Efesios 2:1-3

[1] Y *Él les dio vida* a ustedes, que estaban muertos en (a causa de) sus delitos y pecados,

[2] en los cuales anduvieron en otro tiempo según la corriente (la época) de este mundo, conforme al príncipe de la potestad del aire, el espíritu que ahora opera en los hijos de desobediencia.

³ Entre ellos también todos nosotros en otro tiempo vivíamos en las pasiones de nuestra carne, satisfaciendo los deseos de la carne y de la mente, y éramos por naturaleza hijos de ira, lo mismo que los demás.

- ¿Notaste la mención de la palabra ira en Efesios 2:1-3 y 5:6? ¿Qué conexión ves entre estos dos usos de la palabra?

Efesios 5:6-14

⁶ Que nadie los engañe con palabras vanas, pues por causa de estas cosas la ira de Dios viene sobre los hijos de desobediencia.

⁷ Por tanto, no sean partícipes con ellos;

⁸ porque antes ustedes eran tinieblas, pero ahora son luz en el Señor; anden como hijos de luz.

⁹ Porque el fruto de la luz *consiste* en toda

OBSERVA

*Líder: Lee Efesios 5:6-14 y pide al grupo que marquen los **destinatarios** como lo hicieron antes. También pídeles que marquen ⟨antes, tinieblas ⵀ y luz ⵀ.*

DISCUTE

- De acuerdo a los versículos 7-9, ¿cuál debe ser tu respuesta a los hijos de desobediencia? ¿Por qué?

• ¿Cómo deben andar los creyentes de acuerdo al versículo 8? (Dibuja una nube alrededor de ⟨cómo⟩ deben andar). ¿Cuál es el contraste?

bondad, justicia y verdad.

[10] Examinen qué es lo que agrada al Señor,

• ¿Cómo se manifiesta esta forma de andar? ¿Qué produce? ¿Qué pueden ver otros?

[11] y no participen en las obras estériles de las tinieblas, sino más bien, desenmascárenlas (repróchenlas).

• ¿Qué instrucciones se dan respecto a las cosas de las tinieblas?

[12] Porque es vergonzoso aun hablar de las cosas que ellos hacen en secreto.

• De acuerdo al versículo 10, ¿cuál debería ser tu meta como creyente? ¿Por qué?

[13] Pero todas las cosas se hacen visibles cuando son expuestas por la luz, pues todo lo que se hace visible es luz.

[14] Por esta razón dice: "Despierta, tú que duermes, y levántate de entre los muertos, y te alumbrará Cristo."

ACLARACIÓN

La palabra *desenmascárenlas* en Efesios 5:11,13 significa "amonestar, reprobar con convicción al ofensor".

- Piensa en lo que has visto en el estudio de esta semana. ¿Cómo podría vivirse esto de forma práctica entre creyentes? ¿Y qué de vivirlo en la sociedad?

FINALIZANDO

Responde las siguientes preguntas, las cuales fueron presentadas al principio del estudio de esta semana:

¿Has hablado alguna vez con alguien que se dice ser cristiano y sigue viviendo en una forma contraria a los mandamientos de Dios? ¡Alguien que se siente seguro de ir al cielo por causa de una "profesión" de fe, aunque sigue viviendo conforme al mundo—los gentiles!

¿Puede una persona continuamente andar en las tinieblas mientras afirma pertenecer a la Luz del Mundo, al Señor Jesucristo? ¿Cómo lo sabes?

¿Qué le dirías a tal persona? ¿Qué le mostrarías de lo que has estudiado estas últimas cinco semanas sobre el andar del verdadero creyente?

Finalmente, pregúntate si eres un hijo de desobediencia o eres un hijo de Dios. ¿Cómo lo sabes? ¿Vives lo que dices ser? ¿Estás buscando agradar a Dios?

Hemos visto que todo creyente genuino, todo santo, está sellado por el Espíritu Santo y que el Espíritu Santo es la garantía de que va a heredar el cielo, la vida eterna.

También hemos visto que la evidencia de un cristiano genuino es que vive lo que dice. Ya no anda o vive como lo hacía antes, como vive el resto del mundo. Ya se ha despojado del viejo hombre y se ha vestido de la nueva naturaleza. Ya no anda más en las tinieblas. Es un hijo de la luz y anda como tal.

Pero ahora viene la pregunta: Si una persona tiene el Espíritu morando en ella, ¿cuál debe ser su relación con Él? ¿Cómo se manifestará esto en su relación con otros, además de internamente?

OBSERVA

Líder: Lee Efesios 5:15-21. Mientras el líder lee, una vez más marquen las referencias a los destinatarios También pongan una nube alrededor de la advertencia respecto al andar de los creyentes.

DISCUTE

• ¿Cuál es la advertencia respecto a nuestro andar en este pasaje? ¿Cuál es el contraste en el versículo 15?

Efesios 5:15-21

¹⁵ Por tanto, tengan cuidado cómo andan; no como insensatos sino como sabios,

¹⁶ aprovechando bien el tiempo, porque los días son malos.

¹⁷ Así pues, no sean necios, sino entiendan cuál es la voluntad del Señor.

¹⁸ Y no se embriaguen con vino, en lo cual hay disolución, sino sean llenos del Espíritu.

- Discute el contraste que ves en el versículo 15.

¹⁹ Hablen entre ustedes con salmos, himnos y cantos espirituales, cantando y alabando con su corazón al Señor.

- De acuerdo al versículo 16, ¿qué es importante saber acerca del tiempo?

- ¿Cuál es el contraste en el versículo 18? Si una persona está ebria, ¿cómo le afecta?

²⁰ Den siempre gracias por todo, en el nombre de nuestro Señor Jesucristo, a Dios, el Padre.

²¹ Sométanse unos a otros en el temor (la reverencia) de Cristo.

- De los versículos 18-21, si una persona estuviera bajo el control del Espíritu Santo, ¿cómo se manifestaría el Espíritu en él? ¿Qué haría la persona?

ACLARACIÓN

En el versículo 18, el verbo traducido como "sean llenos" está en tiempo presente, lo que implica una acción continua o habitual. También está en la voz media, lo que significa que el sujeto participa en la acción del verbo. En otras palabras, el Espíritu quiere llenarte y hará Su parte; sin embargo, tú también tienes una parte que cumplir, debes obedecer este mandamiento. El modo imperativo del verbo lo convierte en un mandamiento.

• De las instrucciones que se nos dan en Efesios 5:19-21—hablen, cantando y alabando, den siempre gracias por todo y sométanse unos a otros en el temor de Cristo, ¿cuál es la más difícil de entender y hacer? ¿Por qué?

Efesios 5:22-24

²² Las mujeres *estén sometidas* a sus propios maridos como al Señor.

²³ Porque el marido es cabeza de la mujer, así como Cristo es cabeza de la iglesia, *siendo* Él mismo el Salvador del cuerpo.

²⁴ Pero así como la iglesia está sujeta a Cristo, también las mujeres *deben estarlo* a sus maridos en todo.

OBSERVA

*Líder: Lee Efesios 5:22-24. Pide al grupo que te siga y marque toda referencia a **mujeres** y **maridos**, junto con sus pronombres. Pueden colorearlos de forma distintiva o pueden marcarlos así: También encierra en un cuadro cada vez que aparezca la palabra* como .

ACLARACIÓN

La palabra griega traducida como *sometidas* en Efesios 5 es *jupotásso*. Es un término militar que significa "estar bajo órdenes de, colocarse bajo un estilo de disciplina".

En este contexto, la palabra es un verbo en presente activo imperativo, por lo tanto, significa que la esposa es la que se somete, es su responsabilidad obedecer este mandamiento; no es la responsabilidad del marido forzarla a la sumisión. La esposa debe escoger la obediencia. Por estar en el tiempo presente, debe ser una acción continua o habitual.

DISCUTE

• ¿Qué aprendes acerca del papel de la mujer (esposa) en este pasaje? ¿Qué debe hacer ella respecto a su marido? ¿Cómo es su relación con él?

• ¿Qué aprendes acerca del marido en los versículos 22-24? Discute con quién es comparado el marido y cómo. ¿Qué es Cristo para la iglesia?

• De acuerdo a los versículos 22 y 24, ¿hasta qué grado debe someterse la mujer a su marido? ¿Hay alguna condición para esta sumisión? (Si tienes problemas para responder esto, mira el versículo 22).

• ¿El que el marido se asemeje a Cristo, quien es el Salvador del cuerpo (la iglesia), ayudaría a la mujer a entender de alguna manera los parámetros de sujeción a su marido?

• Si él le pidiera hacer algo contrario a la Palabra de Dios o algo que la hiriera o la indujera a pecar, ¿debería hacerlo? Si tu respuesta es no, por favor explica.

Efesios 5:25-27

²⁵ Maridos, amen a sus mujeres, así como Cristo amó a la iglesia y se dio Él mismo por ella,

²⁶ para santificarla, habiéndola purificado por el lavamiento del agua con la palabra,

²⁷ a fin de presentársela a sí mismo, una iglesia en toda su gloria, sin que tenga mancha ni arruga ni cosa semejante, sino que fuera santa e inmaculada.

OBSERVA

Líder: Lee Efesios 5:25-27 y pide al grupo que marque toda referencia a las palabras **maridos** *y* **mujeres***. También pide que marquen la palabra amor con un corazón como lo has hecho antes y encierra en un cuadro la palabra* **como***.*

ACLARACIÓN

En Efesios 5:25, la palabra traducida como *amen* es también un verbo que está en presente activo imperativo (el mismo tiempo del verbo "sometidas" que vimos antes). Por lo tanto, a los maridos se les manda a amar de forma continua a sus esposas. La responsabilidad de hacerlo descansa en ellos, no en la esposa.

DISCUTE

• ¿Cuál es la responsabilidad del marido para con su mujer?

• ¿Quién es el modelo a imitar por el esposo con respecto a su conducta hacia su mujer?

• ¿Qué hizo Cristo por la Iglesia, mencionado en los versículos 25-26? Y ¿por qué hizo esto, de acuerdo al versículo 27?

• ¿Qué te dice esto sobre la responsabilidad del marido hacia su mujer? ¿Cuál es su meta y misión en relación a su mujer? ¿Cómo debe llevar esto a cabo?

Efesios 5:28-33

²⁸ Así deben también los maridos amar a sus mujeres, como a sus propios cuerpos. El que ama a su mujer, a sí mismo se ama.

²⁹ Porque nadie aborreció jamás su propio cuerpo, sino que lo sustenta y lo cuida, así como también Cristo a la iglesia;

³⁰ porque somos miembros de Su cuerpo.

³¹ POR ESTO EL HOMBRE DEJARÁ A SU PADRE Y A SU MADRE, Y SE UNIRÁ A SU MUJER, Y LOS DOS SERÁN UNA SOLA CARNE.

³² Grande es este misterio, pero hablo con referencia a Cristo y a la iglesia.

OBSERVA

Líder: Lee Efesios 5:28-33 mientras el grupo una vez más marca las referencias a **maridos** *y a las* **mujeres***. También marquen las palabras* **amar** *y* **como***.*

ACLARACIÓN

Las palabras traducidas *sustentar* y *cuidar* están ambas en tiempo presente y por lo tanto implican una acción continua o habitual. Sustentar significa "levantar, alimentar, llevar a la madurez". Cuidar significa "dar calor, calentar como la gallina haría con sus polluelos debajo de sus alas".

DISCUTE

• ¿Qué aprendes de estos versículos sobre la relación del marido con su mujer? (No pases por alto nada).

• Puede que ya lo sepas, pero repásalo otra vez: El marido tiene el mandato de amar a su mujer en dos formas. Esto se ve en las frases "así como" y "como". ¿Cuáles son estas dos formas? (Mira los versículos 25 y 28).

33 En todo caso, cada uno de ustedes ame también a su mujer como a sí mismo, y que la mujer respete a su marido.

• De acuerdo a Efesios 5:22 y 5:33, ¿qué se le dice a la mujer que haga respecto a su marido? ¿Cómo piensas que esto debe practicarse?

• Después de leer este pasaje, ¿quién crees que tiene el deber mayor delante de Dios—el marido o la mujer? ¿Por qué?

• Cuando enseñamos o compartimos el papel de la mujer en Efesios 5:22-24, ¿piensas que sería sabio incluir siempre el papel del marido en los versículos 25-33? ¿Por qué si, o por qué no?

FINALIZANDO

Líder: *Pide al grupo que discuta cómo el Señor les ha hablado en la lección de esta semana.*

¿Qué es lo más significativo que has aprendido en estas últimas seis semanas? ¿Cómo ha comenzado a afectar tu andar?

Líder: Mira otra vez la exhortación (de Efesios 4:1, 17 y 5:1-2, 8, 15) respecto al andar del creyente como está enumerado al principio del estudio de la Tercera Semana. Si hay tiempo, repasen la esencia de cada exhortación y cómo puede vivirse de manera práctica.

Finalmente, ¿qué has aprendido acerca de cómo discernir entre lo verdadero y lo falso cuando se trata del cristianismo o tendrás que esperar hasta llegar al cielo para darte cuenta?

¿Qué aprendiste de este estudio de lo genuino de tu relación con Jesucristo? ¿Es tu fe real o no?

———————

¡Bien hecho! ¿Qué gozo encontrar personas que quieren saber la verdad por sí mismos y tomar tiempo para aprender!

De tus preceptos recibo entendimiento,
Por tanto aborrezco todo camino de mentira.
SALMO 119:104

Esta singular serie de estudios bíblicos del equipo de enseñanza de Ministerios Precepto Internacional, aborda temas con los que luchan las mentes investigadoras y lo hace en breves lecciones muy fáciles de entender e ideales para reuniones de grupos pequeños. Estos cursos de estudio bíblico, de la serie 40 minutos, pueden realizarse siguiendo cualquier orden. Sin embargo, a continuación te mostramos una posible secuencia a seguir:

¿Cómo Sabes que Dios es Tu Padre?

Muchos dicen: "Soy cristiano"; pero, ¿cómo pueden saber si Dios realmente es su Padre—y si el cielo será su futuro hogar? La epístola de 1 Juan fue escrita con este propósito—que tú puedas saber si realmente tienes la vida eterna. Éste es un esclarecedor estudio que te sacará de la oscuridad y abrirá tu entendimiento hacia esta importante verdad bíblica.

Cómo Tener una Relación Genuina con Dios

A quienes tengan el deseo de conocer a Dios y relacionarse con Él de forma significativa, Ministerios Precepto abre la Biblia para mostrarles el camino a la salvación. Por medio de un profundo análisis de ciertos pasajes bíblicos cruciales, este esclarecedor estudio se enfoca en dónde nos encontramos con respecto a Dios, cómo es que el pecado evita que lo conozcamos y cómo Cristo puso un puente sobre aquel abismo que existe entre los hombres y su SEÑOR.

Ser un Discípulo: Considerando Su Verdadero Costo

Jesús llamó a Sus seguidores a ser discípulos. Pero el discipulado viene con un costo y un compromiso incluido. Este estudio da una mirada inductiva a cómo la Biblia describe al discípulo, establece las características de un seguidor de Cristo e invita a los estudiantes a aceptar Su desafío, para luego disfrutar de las eternas bendiciones del discipulado.

Viviendo Una Vida de Verdadera Adoración

La adoración es uno de los temas del cristianismo peor entendidos; este estudio explora lo que la Biblia dice acerca de la adoración: ¿qué es? ¿Cuándo sucede? ¿Dónde ocurre? ¿Se basa en las emociones? ¿Se limita solamente a los domingos en la iglesia? ¿Impacta la forma en que sirves al Señor? Para éstas y más preguntas, este estudio nos ofrece respuestas bíblicas novedosas.

Edificando un Matrimonio que en Verdad Funcione

Dios diseñó el matrimonio para que fuera una relación satisfactoria y realizadora; creando a hombres y mujeres para que ellos—juntos y como una sola carne—pudieran reflejar Su amor por el mundo. El matrimonio, cuando es vivido como Dios lo planeó, nos completa, nos trae gozo y da a nuestras vidas un fresco significado. En este estudio, los lectores examinarán el diseño de Dios para el matrimonio y aprenderán cómo establecer y mantener el tipo de matrimonio que trae gozo duradero.

Cómo Tomar Decisiones Que No Lamentarás

Cada día nos enfrentamos a innumerables decisiones y algunas de ellas pueden cambiar el curso de nuestras vidas para siempre. Entonces, ¿a dónde acudes en busca de dirección? ¿Qué debemos hacer cuando nos enfrentamos a una tentación? Este breve estudio te brindará una práctica y valiosa guía, al explorar el papel que tiene la Escritura y el Espíritu Santo en nuestra toma de decisiones.

Dinero y Posesiones: La Búsqueda del Contentamiento

Nuestra actitud hacia el dinero y las posesiones reflejará la calidad de nuestra relación con Dios. Y, de acuerdo con las Escrituras, nuestra visión del dinero nos muestra dónde está descansando nuestro verdadero amor. En este estudio, los lectores escudriñarán las Escrituras para aprender de dónde proviene el dinero, cómo se supone que debemos manejarlo y cómo vivir una vida abundante, sin importar su actual situación financiera.

Cómo puede un Hombre Controlar Sus Pensamientos, Deseos y Pasiones

Este estudio capacita a los hombres con la poderosa verdad de que Dios ha provisto todo lo necesario para resistir la tentación y lo hace, a través de ejemplos de hombres en las Escrituras, algunos de los cuales cayeron en pecado y otros que se mantuvieron firmes. Aprende cómo escoger el camino de pureza, para tener la plena confianza de que, a través del poder del Espíritu Santo y la Palabra de Dios, podrás estar algún día puro e irreprensible delante de Dios.

Viviendo Victoriosamente en Tiempos de Dificultad

Vivimos en un mundo decadente, poblado por gente sin rumbo y no podemos escaparnos de la adversidad y el dolor. Sin embargo, y por alguna razón, los difíciles tiempos que se viven actualmente son parte del plan de Dios y sirven para Sus propósitos. Este valioso estudio ayuda a los lectores a descubrir cómo glorificar a Dios en medio del dolor; al tiempo que aprenden cómo encontrar gozo aún cuando la vida parezca injusta y a conocer la paz que viene al confiar en el Único que puede brindar la fuerza necesaria en medio de nuestra debilidad.

El Perdón: Rompiendo el Poder del Pasado

El perdón puede ser un concepto abrumador, sobre todo para quienes llevan consigo profundas heridas provocadas por difíciles situaciones de su pasado. En este estudio innovador, obtendrás esclarecedores conceptos del perdón de Dios para contigo, aprenderás cómo responder a aquellos que te han tratado injustamente y descubrirás cómo la decisión de perdonar rompe las cadenas del doloroso pasado y te impulsa hacia un gozoso futuro.

Elementos Básicos de la Oración Efectiva

Esta perspectiva general de la oración te guiará a una vida de oración con más fervor, a medida que aprendes lo que Dios espera de tus oraciones y qué puedes esperar de Él. Un detallado examen del Padre Nuestro y de algunos importantes principios obtenidos de ejemplos de oraciones a través de la Biblia, te desafiarán a un mayor entendimiento de la voluntad de Dios, Sus caminos y Su amor por ti mientras experimentas lo que significa verdaderamente el acercarse a Dios en oración.

Cómo Liberarse de los Temores

La vida está llena de todo tipo de temores que pueden asaltar tu mente, perturbar tu alma y traer estrés incalculable. Pero no tienes que permanecer cautivo a tus temores. En este estudio de seis semanas aprenderás cómo confrontar tus circunstancias con fortaleza y coraje mientras vives en el temor del Señor – el temor que conquista todo temor y te libera para vivir en fe.

Cómo se Hace un Líder al Estilo de Dios

¿Qué espera Dios de quienes Él coloca en lugares de autoridad? ¿Qué características marcan al verdadero líder efectivo? ¿Cómo puedes ser el líder que Dios te ha llamado a ser? Encontrarás las respuestas a éstas y otras preguntas, en este poderoso estudio de cuatro importantes líderes de Israel—Elí, Samuel, Saúl y David— cuyas vidas señalan principios que necesitamos conocer como líderes en nuestros hogares, en nuestras comunidades, en nuestras iglesias y finalmente en nuestro mundo.

¿Qué Dice la Biblia Acerca del Sexo?

Nuestra cultura está saturada de sexo, pero muy pocos tienen una idea clara de lo que Dios dice acerca de este tema. En contraste a la creencia popular, Dios no se opone al sexo; únicamente, a su mal uso. Al aprender acerca de las barreras o límites que Él ha diseñado para proteger este regalo, te capacitarás para enfrentar las mentiras del mundo y aprender que Dios quiere lo mejor para ti.

Principios Clave para el Ayuno Bíblico

La disciplina espiritual del ayuno se remonta a la antigüedad. Sin embargo, el propósito y naturaleza de esta práctica a menudo es malentendida. Este vigorizante estudio explica por qué el ayuno es importante en la vida del creyente promedio, resalta principios bíblicos para el ayuno efectivo y muestra cómo esta poderosa disciplina lleva a una conexión más profunda con Dios.

Entendiendo los Dones Espirituales

¿Qué son Dones Espirituales?
El tema de los dones espirituales podría parecer complicado: ¿Quién

tiene dones espirituales – "las personas espirituales" o todo el mundo? ¿Qué son dones espirituales?

Entender los Dones Espirituales te lleva directamente a la Palabra de Dios, para descubrir las respuestas del Mismo que otorga el don. A medida que profundizas en los pasajes bíblicos acerca del diseño de Dios para cada uno de nosotros, descubrirás que los dones espirituales no son complicados – pero sí cambian vidas.

Descubrirás lo que son los dones espirituales, de dónde vienen, quiénes los tienen, cómo se reciben y cómo obran dentro de la iglesia. A medida que estudias, tendrás una nueva visión de cómo puedes usar los dones dados por Dios para traer esperanza a tu hogar, tu iglesia y a un mundo herido.

Viviendo Como que le Perteneces a Dios

¿Pueden otros ver que le perteneces a Dios?

Dios nos llama a una vida de gozo, obediencia y confianza. Él nos llama a ser diferentes de quienes nos rodean. Él nos llama a ser santos.

En este enriquecedor estudio, descubrirás que la santidad no es un estándar arbitrario dentro de la iglesia actual o un objetivo inalcanzable de perfección intachable. La santidad se trata de agradar a Dios – vivir de tal manera que sea claro que le perteneces a Él. La santidad es lo que te hace único como un creyente de Jesucristo.

Ven a explorar la belleza de vivir en santidad y ver por qué la verdadera santidad y verdadera felicidad siempre van de la mano.

Amando a Dios y a los demás

¿Qué quiere realmente Dios de ti?

Es fácil confundirse acerca de cómo agradar a Dios. Un maestro de Biblia te da una larga lista de mandatos que debes guardar. El siguiente te dice que solo la gracia importa. ¿Quién está en lo correcto?

Hace siglos, en respuesta a esta pregunta, Jesús simplificó todas las reglas y regulaciones de la Ley en dos grandes mandamientos: amar a Dios y a tu prójimo.

Amar a Dios y a los demás estudia cómo estos dos mandamientos definen el corazón de la fe Cristiana. Mientras descansas en el conocimiento de lo que Dios te ha llamado a hacer, serás desafiado a vivir estos mandamientos – y descubrir cómo obedecer los simples mandatos de Jesús que transformarán no solo tu vida sino también las vidas de los que te rodean.

Distracciones Fatales: Conquistando Tentaciones Destructivas

¿Está el pecado amenazando tu progreso espiritual?

Cualquier tipo de pecado puede minar la efectividad del creyente, pero ciertos pecados pueden enraizarse tanto en sus vidas - incluso sin darse cuenta - que se vuelven fatales para nuestro crecimiento espiritual. Este estudio trata con seis de los pecados "mortales" que amenazan el progreso espiritual: Orgullo, Ira, Celos, Glotonería, Pereza y Avaricia. Aprenderás cómo identificar las formas sutiles en las que estas distracciones fatales pueden invadir tu vida y estarás equipado para conquistar estas tentaciones destructivas para que puedas madurar en tu caminar con Cristo.

La Fortaleza de Conocer a Dios

Puede que sepas acerca de Dios, pero ¿realmente sabes lo que Él dice acerca de Sí mismo – y lo que Él quiere de ti?

Este estudio esclarecedor te ayudará a ganar un verdadero entendimiento del carácter de Dios y Sus caminos. Mientras descubres por ti mismo quién es Él, serás llevado hacia una relación más profunda y personal con el Dios del universo – una relación que te permitirá mostrar confiadamente Su fuerza en las circunstancias más difíciles de la vida.

Guerra Espiritual: Venciendo al Enemigo

¿Estás preparado para la batalla?
Ya sea que te des cuenta o no, vives en medio de una lucha espiritual. Tu enemigo, el diablo, es peligroso, destructivo y está determinado a alejarte de servir de manera efectiva a Dios. Para poder defenderte a ti mismo de sus ataques, necesitas conocer cómo opera el enemigo. A través de este estudio de seis semanas, obtendrás un completo conocimiento de las tácticas e insidias del enemigo. Mientras descubres la verdad acerca de Satanás – incluyendo los límites de su poder – estarás equipado a permanecer firme contra sus ataques y a desarrollar una estrategia para vivir diariamente en victoria.

Volviendo Tu Corazón Hacia Dios

Descubre lo que realmente significa ser bendecido.
En el Sermón del Monte, Jesús identificó actitudes que traen el favor de Dios: llorar sobre el pecado, demostrar mansedumbre, mostrar misericordia, cultivar la paz y más. Algunas de estas frases se han vuelto tan familiares que hemos perdido el sentido de su significado. En este poderoso estudio, obtendrás un fresco entendimiento de lo que significa alinear tu vida con las prioridades de Dios. Redescubrirás por qué la palabra bendecido significa caminar en la plenitud y satisfacción de Dios, sin importar tus circunstancias. A medida que miras de cerca el significado detrás de cada una de las Bienaventuranzas, verás cómo estas verdades dan forma a tus decisiones cada día – y te acercan más al corazón de Dios.

El Cielo, El Infierno y la Vida Después de la Muerte

Descubre lo que Dios dice acerca de la muerte, el morir y la vida después de la muerte.
Muchas personas están intrigadas por lo que les espera detrás de la puerta, pero vivimos en una era bombardeada de puntos de vista en conflicto. ¿Cómo podemos estar seguros de lo que es verdad?

En este estudio esclarecedor, examinarás las respuestas de la Biblia acerca de la muerte y lo que viene después. A medida que confrontas la inevitabilidad de la muerte en el contexto de la promesa del cielo y la realidad del infierno, serás desafiado a examinar tu corazón — y al hacerlo, descubrir que al aferrarte a la promesa de la vida eterna, el aguijón de la muerte es reemplazado con paz.

Descubriendo lo Que Nos Espera en el Futuro

Con todo lo que está ocurriendo en el mundo, las personas no pueden evitar cuestionarse respecto a lo que nos espera en el futuro. ¿Habrá paz alguna vez en la tierra? ¿Cuánto tiempo vivirá el mundo bajo la amenaza del terrorismo? ¿Hay un horizonte con un solo gobernante mundial? Esta fácil guía de estudio conduce a los lectores a través del importante libro de Daniel; libro en el que se establece el plan de Dios para el futuro.

Esperanza Después del Divorcio

Con el divorcio surgen muchas preguntas, dolor y frustración. ¿Qué voy a hacer? ¿Cómo sobreviviré? ¿Qué hay de los niños? ¿Qué pensará la gente de mí? ¿Qué piensa Dios de mí?
¿Cómo puedes superar esto? ¿Vivir con ello?
A través de este estudio de seis semanas descubrirás verdades bíblicas sólidas que te ayudarán a ti o a un ser querido a recuperarse del dolor, debido al fin de un matrimonio. Aquí encontrarás consejos prácticos y motivadores, así como también la certeza del amor y poder redentor de Dios, trabajando en incluso las situaciones más difíciles mientras sales adelante con una perspectiva piadosa de tu nueva realidad.

ACERCA DE MINISTERIOS PRECEPTO INTERNACIONAL

Ministerios Precepto Internacional fue levantado por Dios con el solo propósito de establecer a las personas en la Palabra de Dios para producir reverencia a Él. Sirve como un brazo de la iglesia sin ser parte de una denominación. Dios ha permitido a Precepto alcanzar más allá de las líneas denominacionales sin comprometer las verdades de Su Palabra inerrante. Nosotros creemos que cada palabra de la Biblia fue inspirada y dada al hombre como todo lo que necesita para alcanzar la madurez y estar completamente equipado para toda buena obra de la vida. Este ministerio no busca imponer sus doctrinas en los demás, sino dirigir a las personas al Maestro mismo, Quien guía y lidera mediante Su Espíritu a la verdad a través de un estudio sistemático de Su Palabra. El ministerio produce una variedad de estudios bíblicos e imparte conferencias y Talleres Intensivos de entrenamiento diseñados para establecer a los asistentes en la Palabra a través del Estudio Bíblico Inductivo.

Jack Arthur y su esposa, Kay, fundaron Ministerios Precepto en 1970. Kay y el equipo de escritores del ministerio producen estudios **Precepto sobre Precepto,** Estudios **In & Out**, estudios de la **serie Señor**, estudios de la **Nueva serie de Estudio Inductivo**, estudios **40 Minutos** y **Estudio Inductivo de la Biblia Descubre por ti mismo para niños.** A partir de años de estudio diligente y experiencia enseñando, Kay y el equipo han desarrollado estos cursos inductivos únicos que son utilizados en cerca de 185 países en 70 idiomas.

MOVILIZANDO
Estamos movilizando un grupo de creyentes que "manejan bien la Palabra de Dios" y quieren utilizar sus dones espirituales y talentos para alcanzar 10 millones más de personas con el estudio bíblico inductivo.
Si compartes nuestra pasión por establecer a las personas en la Palabra de Dios, te invitamos a leer más. Visita **www.precept.org/Mobilize** para más información detallada.

RESPONDIENDO AL LLAMADO
Ahora que has estudiado y considerado en oración las escrituras, ¿hay algo nuevo que debas creer o hacer, o te movió a hacer algún cambio en

tu vida? Es una de las muchas cosas maravillosas y sobrenaturales que resultan de estar en Su Palabra – Dios nos habla.

En Ministerios Precepto Internacional, creemos que hemos escuchado a Dios hablar acerca de nuestro rol en la Gran Comisión. Él nos ha dicho en Su Palabra que hagamos discípulos enseñando a las personas cómo estudiar Su Palabra. Planeamos alcanzar 10 millones más de personas con el Estudio Bíblico Inductivo.

Si compartes nuestra pasión por establecer a las personas en la Palabra de Dios, ¡te invitamos a que te unas a nosotros! ¿Considerarías en oración aportar mensualmente al ministerio? Si ofrendas en línea en **www.precept. org/ATC**, ahorramos gastos administrativos para que tus dólares alcancen a más gente. Si aportas mensualmente como una ofrenda mensual, menos dólares van a gastos administrativos y más van al ministerio.

Por favor ora acerca de cómo el Señor te podría guiar a responder el llamado.

COMPRA CON PROPÓSITO

Cuando compras libros, estudios, audio y video, por favor cómpralos de Ministerios Precepto a través de nuestra tienda en línea (**http://store.precept.org/**) o en la oficina de Precepto en tu país. Sabemos que podrías encontrar algunos de estos materiales a menor precio en tiendas con fines de lucro, pero cuando compras a través de nosotros, las ganancias apoyan el trabajo que hacemos:

• Desarrollar más estudios bíblicos inductivos
• Traducir más estudios en otros idiomas
• Apoyar los esfuerzos en 185 países
• Alcanzar millones diariamente a través de la radio y televisión
• Entrenar pastores y líderes de estudios bíblicos alrededor del mundo
• Desarrollar estudios inductivos para niños para comenzar su viaje con Dios
• Equipar a las personas de todas las edades con las habilidades del estudio bíblico que transforma vidas.

Cuando compras en Precepto, ¡ayudas a establecer a las personas en la Palabra de Dios!